Alfred L. Rosteck

Illusionen

Alfred L. Rosteck

Illusionen

Lyrik

**Bibliografische Information
der Deutschen Nationalbibliothek**

Die Deutsche Nationalbibliothek verzeichnet diese Publikation in der Deutschen Nationalbibliografie; detaillierte bibliografische Daten sind im Internet über http://dnb.d-nb.de abrufbar.

Herstellung und Verlag:
BoD – Books on Demand, Norderstedt
ISBN 978-3-7528-5062-8

Inhalt

Ein Wort zur „Neuen Rechtschreibung": Ich folge ihr mit großem Widerwillen, mache aber nicht jede Änderung mit, die sich sogenannte Experten einfallen haben lassen. Es ist also nicht alles ein Rechtschreibfehler, was danach aussieht ...

Illusionen

hartes leben
setzt schwer zu
nehmen geben
nimmer ruh
kämpfen streben
immerzu

flüchten träumen
schönre welt
nicht versäumen
was gefällt
wegzuräumen
was verstellt

wünsche stauen
schicksalszonen
hürden bauen
einzig lohnen
voll vertrauen
illusionen

Zum letzten Mal?

Es schweift dein Blick zum Horizont.
Erfasst, was sich zu fassen lohnt.
Du nimmst es mit in weite Ferne.
Zu erinnern sich dort gerne.

Zum letzten Mal in diesem Jahr
erschauen all die großen Weiten?
Oder doch für immerdar?
Zum letzten Mal für alle Zeiten?

Nimm die Erinn'rung mit, den Frieden,
den dir dieser Anblick gibt.
Das Leben hat dir viel beschieden.
Und es hat dich sehr geliebt.

Erstarrte Träume

Verloren ist der helle Schein.
Wird niemals so wie früher sein.
Als alles blühte und erstrahlte.
Mit den schönsten Farben malte.

Der Glanz ist fort und auch die Kraft.
Der Lauf der Zeit ist schicksalhaft.
Der Herbst sogar dem Frost bald wich.
Dem Eiskristall das Leben glich.

Erstarrt und kalt dem Ende zu.
Was bleibt in frostverbrannter Ruh,
ist in dem Eise still zu träumen.
Von Frühlingsduft und Blütenbäumen.

Gnadenlicht

Wie seltsam mutet es doch an:
Das Jahr im bunten Blätterregen
geht seinem Ende rasch entgegen.
Man glaubt, dass grade es begann.

Wird ihm noch Gnadenfrist gewährt.
Liebkost von milder Sonne Schein
auch wir noch dürfen glücklich sein,
eh der Frost sein Recht begehrt.

Sei es auch uns dereinst beschieden,
ein sanftes Ende zu erfahren.
Mög uns das Gnadenlicht bewahren
und uns geleiten in den Frieden.

Vielleicht zu den Sternen

Hunderte Male hofft' ich vergebens,
als ich schritt auf der Straße des Lebens.
Doch meistens wurde ich dadurch belohnt,
dass das Geschick mich mit Bösem verschont'.

Was richtig, was falsch, wer kann das schon sagen?
Jeder von uns muss sein Schicksal ertragen.
Doch vieles davon ist selber gemacht.
Und hat trotz allem uns weitergebracht.

Obwohl wir dabei viele Umwege gingen,
wird unsre Mühe zum Ziel uns doch bringen.
Konnten dabei wir auch noch was lernen,
führt uns der Weg vielleicht zu den Sternen.

metamorphose

die blume verblüht
ein stern neu erglüht
am himmel so weit
außer der zeit
außer dem raum
einstmals ein traum
vages schweben
im neuen leben

Alles gesagt

Wenn alles gesagt,
dann schweige schön still.
Wenn keiner dich fragt
und keiner was will,
ist alles getan.

Ist alles getan.
Du hast dich geplagt.
Es wäre ein Wahn,
und du wärst verzagt,
würdest du reden.

Würdest du reden,
wär es Verschwendung.
Vergeudest die Fäden.
Ohne Vollendung.
Ist alles gesagt.

Ist alles gesagt.
Du sagtest schon viel.
Doch ist nur vertagt
das endliche Ziel.
Die Ewigkeit hört.

Getrieben

Ich weiß nicht, wohin es soll gehen.
Kann nur einen Armlang weit sehen.
Die Nacht verdunkelt die Seele,
so dass den Weg ich verfehle.

In Einsamkeit wandeln dahin.
Die Sehnsucht lässt weiter mich ziehn.
Getrieben und niemals am Ziel.
Gelitten zuwenig, zuviel.

Ein Mondstrahl sich ab und zu zeigt.
Das Schicksal dann zeigt sich geneigt.
Doch niemals finde ich Frieden.
Das ist als Los mir beschieden.

Später Lohn

Wenn sich die Wolken dunkel brauen
vor dem fahlen, roten Mond,
kann keiner sich hinaus mehr trauen,
der das wüste Land bewohnt.

Denn es ziehn umher die Wesen,
die da dürsten nach dem Blut
von denen, die ihr Feind gewesen,
weil sie nicht böse, sondern gut.

Noch im Tode wollen sie Rache,
die zerrissnen schwarzen Seelen.
Und so halten alle Wache,
die ein bessres Leben wählen.

Haltet stand, ihr Schmerzgequälten.
Bleibt doch treu dem kargen Licht.
Wehret denen, die verfehlten
Liebe, Treue, heil'ge Pflicht.

Wenn sich die Wolken einst verziehen
und heller wird der fahle Mond,
wird neues Leben euch verliehen.
Der Feind versinkt, ihr seid belohnt.

hunger

der hunger des leibes
ist der hunger der seele
nach höherem leben
der durst nach liebe
die es auf erden
niemals kann geben

gestillt will der hunger
der durst doch werden
aber kein brot
und kein mensch
kann erfüllung
auf dauer je bringen

der hunger des leibes
der hunger der seele
ewig ungestillt bleibt
schmerzerfüllt
bleibt traurigkeit
und tod

Abendrot

Weit zurück das Morgenrot.
Was der Tag so alles bot,
war bunt und vielgestalt.

Da war erst Nebel, dann viel Regen,
auch Sonnenschein auf allen Wegen.
Sanftmut und auch noch Gewalt.

Liebe war da und auch Hass.
Ernstes, doch gottlob auch Spaß.
Zu Mittag war dann alles gut.

Doch schneller, als man es geglaubt,
die Zeit den Rest des Tages raubt.
Allmählich dann verlischt die Glut.

Jetzt sinkt die Sonne in den Dunst.
Vergangen alle Lebenskunst.
Nah voraus das Abendrot.

Entscheidung

Aufwärts steigt aus dumpfem Grund
eine Blume leuchtend rot.
Sie entflieht dem grausen Schlund,
der ihr fast gebracht den Tod.

Mit festem Mut und letzter Kraft
überwunden alles Böse.
So hat die Blume es geschafft,
dass der dunkle Bann sich löse.

Und ihr Beispiel geht voran.
Viele Blumen tanzen Reigen,
dem Lichte freudig zugetan.
Sie vor der Sonne sich verneigen.

Der Aufstieg vielen schien zu schwer.
Es welkten, die zurückgeblieben.
Das Dunkle liebten sie wohl mehr.
Die Blüten in den Sand geschrieben.

Irreführung

Hingerissen folgte ich
der Stimme sanft und süß.
Fühlt im Herzen einen Stich.
Wähnte mich im Paradies.

All mein Sehnen, das ich fühlte
schon so lange, das mich quälte
unentwegt, mich tief aufwühlte,
wär gestillt, wenn ich jetzt wählte.

Den Weg zu gehen, den sie mir wies.
Ohne Zaudern, voll Vertrauen.
Mir Glückseligkeit verhieß.
Ich würd das Himmelreich erschauen.

Freudig stimmte ich ihr zu.
So schnell ich konnte, eilt' ich weiter.
Denn nur dort fänd ich wohl Ruh.
Endlich war ich wieder heiter.

Doch plötzlich war die Welt ganz leer.
Die süße Stimme leise lachte.
Mein Herz ward kalt und still und schwer.
Ein Traum, aus dem ich jäh erwachte.

Seit die Stimme ich gehört,
ich ihr ganz verfallen bin.
Wie hatte sie mich doch betört!
Mein Glück auf ewig ist dahin.

Versteckte Träume

Manchmal greift aus dunklen Zeiten
eine Hand in deine Träume.
Erinnerungen sacht sich weiten.
Erfüllen deine Seelenräume.

Gefühle werden neu erweckt.
Längst vergessen und erkaltet.
Waren wohl nur gut versteckt.
Und nicht wirklich ausgeschaltet.

Doch wenn die Sonne sich erhebt,
das Ganze löst wie Rauch sich auf.
Das Herz kleinwenig noch erbebt.
Doch dann der Tag nimmt seinen Lauf.

Kurze Einsicht

Dunkles Hoffen, leises Bangen.
Die Vergangenheit verhangen.
Aller Ursprung fest verschüttet.
Das Vertrauen wild zerrüttet.

Das Schicksal trennt mit sanfter Hand
das hinderliche starke Band,
das mich nicht erkennen ließ,
was in grauer Urzeit mich verstieß.

Eigne Schuld und mein Versagen.
Es nützen mir jetzt keine Klagen.
Doch gnadenvoll der Blick geweitet.
Mir leise Einsicht wird bereitet.

Doch kurz nur war der Gnade Hand.
Sie schnell erneuerte das Band.
Der Vorhang fiel, die Zeit verborgen.
Kein Blick zurück. Es bleibt das Morgen.

Wunsch nach Inspiration

Es gibt keine Worte für das, was mir fehlt.
Kann auch nicht sagen, was mich so quält.
Beängstigend ist die Stille in mir.
Bin ich noch da im Jetzt und im Hier?

Ich wünsch mir so sehr mein Fühlen zurück.
Wo ein paar Worte gaben mir Glück.
Als ganz kleine Dinge mir bedeuteten viel.
Und ich ohne Mühe erreichte mein Ziel.

Ich will nicht nur von der Erinnerung zehren.
Möge der göttliche Hauch wiederkehren.
Mich wieder erfüllen mit ideenvoller Kraft.
Begeistertes Schaffen voll Leidenschaft.

Lob der Literatur

Die dunkle Leere unerfüllt.
Kein Licht, kein Laut im Nichts.
Doch heimlich da, ganz zart umhüllt,
ein Wort als Ausdruck hehren Lichts.

Das Große seinen Anfang nahm.
Doch wie das hohe Wort erklang,
mit dem Licht der Schatten kam,
dem das Widerwort entsprang.

Raum und Zeit, Idee und Tat.
Äonen, unvorstellbar tief.
Das Wort zum Satz gefunden hat.
Der Geist zur Kunst nun machtvoll rief.

Titanenwerke dann entstanden.
Des Menschen Geist sie kühn ersann.
Doch sich auch Widersprüche fanden.
Das Hohe oftmals nicht gewann.

Die Seele mit dem Schönen füllen.
Alt und Jung behutsam lehren.
Die Sehnsucht nach dem Hohen stillen.
Verdienstvoll ist's, das Wort zu ehren.

Wähle

Sieh hinaus ins Leben.
Pracht und Herrlichkeit.
Vieles kann's uns geben.
Doch Böses ist nicht weit.
Versucht an dir zu kleben.

Sieh in deine Seele.
Viel Schönes liegt darin.
Dass Dunkles dich nicht quäle.
Strebe nach dem Sinn.
Stets das Hohe wähle.

Rotation

Wie Dunst gelangt der Gedanke ans Licht.
Verbreitet den Klang der Schalmeien im Raum.
Wenn ins Herz der Gedanke dann sticht,
wächst draus hervor ein gar mächtiger Baum.

Nie hat die Dunkelwelt das Erhabne geliebt.
Sie legt bald ans Holz die Axt voller Hass.
Die Schalmeien verstummen, der Dunst jäh zerstiebt.
Das Liebliche versinkt mit dröhnendem Bass.

Statt lichtem Gewölk nun kohlschwarzer Rauch.
Verlorne Gefühle, zerdrückte Gedanken.
Von erhabnem Getön blieb kraftloser Hauch.
Das Unheil packt zu mit barbarischen Pranken.

Zerschmettert Verzweiflung sich legt drückend ums Herz.
In der düstren Kloake die Hoffnung versinkt.
Zur Dissonanz degradiert die tönende Terz.
Der Schmerz allen Glanz zum Erlöschen jetzt bringt.

Ein schwacher Gedanke sich einst regt ganz leise.
Paart sich verborgen mit vagem Gefühl.
Rotierend beginnt eine tastende Reise.
Und heimlich beginnt von neuem das Spiel.

Noch weit

Wenn der Sturm sich einmal legt
und Stille einkehrt in das Land,
wird all das, was einst gehegt,
erneut erstehn mit starker Hand.

Heimlich ward es fest beschützt.
Sollt nicht zerstört durch Böses werden.
Hat allen Guten stets genützt.
Wird nun erneut geschätzt auf Erden.

Die Herzen werden dankbar sein
für schwer errungne Friedenszeit.
Liebe herrscht und sanft Verzeih'n.
Doch leider ist's dahin noch weit.

November

Ein neuer Monat kommt heran.
Des Jahres Lauf bald abgetan.
Eine letzte Gnadenfrist,
eh im Ew'gen es verfließt.

Der Tag sich früher noch versteckt.
Das Dunkellicht ihn überdeckt.
Trübsal in die Herzen schleicht.
Wärme mählich Kälte weicht.

Wenn Nebel wogt durch Wald und Flur
zählt Äußres nicht, das Innre nur.
November, Monat trüb und trist.
Wie gut, dass du vergänglich bist.

Ins Licht

Was ist zu tun, wenn Stürme toben?
Und niemand weiß, wie's weitergeht?
Hat der Teufel sich erhoben?
Ist wer, der ihm widersteht?

Wen'gen ist es nur gegeben,
das Licht im Herzen sich zu wahren.
Wird schwer wohl sein ihr dürft'ges Leben,
entrinnen sie auch den Gefahren.

Fest im Glauben, stark die Seele.
Zerbricht wohl selbst im Sturme nicht.
Den richt'gen Weg sie für sich wähle.
Die Straße aufwärts steil ins Licht.

Überall zugleich

Wo ich auch bin,
will woanders stets hin.
Bin ich dann dort,
will wieder ich fort.
Es wirklich ist schwer,
das Hin und das Her.
Zu sein überall,
das wäre mein Fall.
Es erschiene mir schön,
die Zeit bliebe stehn.
Wär üb'rall zugleich.
In der Ewigkeit Reich.

Bald vorbei

Die Weihnachtszeit
ist nicht mehr weit.
Noch ist es hell.
Doch geht es schnell.
Bald ist Advent.
Ein Kerzlein brennt.
Die warme Zeit
Vergangenheit.
Ich freu mich sehr
kommt Weihnacht her.
Doch Sommers Frist
mir lieber ist.

Die Schatten der Vergangenheit

Die Schatten der Vergangenheit
erheben sich von Zeit zu Zeit.
Und in mancher dunklen Nacht
sind sie zum Leben neu erwacht.

Bei Tage denkst du kaum daran,
was des Nachts Gestalt gewann.
Manches rührt ganz sacht dein Herz.
Erinn'rung weckt dir leisen Schmerz.

Doch sehr seltsam dir erscheint,
wenn das Traumbild sich vereint
mit Menschen, die du nie gekannt.
Doch haben sie dein Herz gebannt.

Es dauert lange dann am Tag,
bis es sich befreien mag.
War zwar nur geträumtes Glück.
Doch leichte Wehmut bleibt zurück.

Zerbrochener Traum

Manchmal im Traum wird mir gegeben,
Vergangenes neu zu erleben.
Obwohl verstrichen lange Zeit,
fühl ich wieder Glück und Leid.

Doch seltsam mengen sich Gestalten.
Anders Dinge sich entfalten.
Zwar fühlt real sich alles an,
doch war es mehr wie im Roman.

Liebe tauchte plötzlich auf.
Nur anders als im Lebenslauf.
Da war auch noch so mancher Kuss.
Doch nichts weiter. Dann war Schluss.

Voll Bedauern man erwacht.
Hab noch lang' daran gedacht.
Der Traum manch Sehnsucht hat geweckt,
die schon der Sand der Zeit bedeckt.

Der Nachhall jedoch kurz nur währt.
Das, was man im Traum erfährt,
nach einiger Zeit im Tageslicht
in lauter kleine Stücke bricht.

Frage

Hast du Frieden je empfunden?
Hast du Freude je gefunden,
wenn des Sommers späte Strahlen
dir verklärte Bilder malen?

Ruh zu finden dauert lange,
wenn das Herz ist voller Bange.
Wird es jemals dir gelingen,
Freud und Frieden zu erringen?

Nicht wert

Eingeleimt in den Gedanken.
Zerrissen zwischen den Gefühlen.
Müd durch Seelenabfall wanken.
Sich durch graue Sorgen wühlen.

Die kurze Freude scheint dir matt.
Selbst das Licht ist nicht mehr hell.
Wirst bei vollem Tisch nicht satt.
Doch die Zweifel blitzen grell.

So kann es doch nicht weitergehen.
Einmal muss da sein ein Schluss.
Und dann erst wirst du es verstehen.
War nicht wert all den Verdruss.

Was mir bleibt

Voller Grimm entzwei gehauen,
was ich einst für dich empfand.
Denn all mein inniges Vertrauen
mählich Stück für Stück entschwand.

Es erschien mir eingefroren
deines Herzens Traulichkeit.
Alles habe ich verloren.
Was mir bleibt, ist Einsamkeit.

Längst verloren

Voll Vertrauen schreib ich nieder,
was vom Geist mir eingegeben.
Denn es zeigt sich immer wieder,
dass mein Herz sich kann erheben.

Dankbar bin ich für die Worte,
ob sie erhebend oder nicht.
Oder wenn sie von der Sorte,
die ermahnen dich zur Pflicht.

Wenn das Geschriebne Unsinn birgt,
ich manchmal doch verwundert bin.
Und manches bloß erheiternd wirkt.
Doch alles hat so seinen Sinn.

Sinn im Unsinn. Gibt es das?
Ich halt der Welt den Spiegel vor.
Lach mir eins und denk mir was.
Die Welt das Hohe längst verlor.

Vereint auf ewig

Liebevoll hinweggerafft
hab ich alle bangen Schatten.
In Ketten lag die Leidenschaft,
die wir für uns empfunden hatten.

Nie wieder wird der Wächter stören,
der dumpf und grausam hielt uns nieder.
Ließen uns nicht mehr betören
durch beschwörend böse Lieder.

Geheimes Wort, mit Macht gesprochen,
machte uns am Ende frei.
Liebe hat den Bann gebrochen.
Vereint auf ewig nun wir zwei.

Ein Leben lang

Ein ganzes Leben lang
hält das Schicksal dir
an einer langen Stange
eine Möhre vor die Nase.
Du läufst ihr nach.
Sie scheint dir nah.
Ist doch unsagbar fern.
Fall nicht darauf herein.
Du hast ja alles,
was du brauchst.
Komm zur Ruhe.
Lass das Jagen
nach den Zielen,
die doch unerreichbar sind.
Lass die Möhre.
Ergreif die Stange
mit starker Hand.
Ergreif dein Schicksal.

Verschenkter Augenblick

Morgen bin ich weit von hier.
Die Gedanken fliegen weit.
Ich leider aus dem Blick verlier,
noch zu genießen hier die Zeit.

Bin ich dann morgen endlich fort,
wird mich der Gedanke quälen,
wie schön es war an diesem Ort.
Kann jedoch dann nicht mehr wählen.

Werd mich zerrissen ewig fühlen.
Mit Wehmut an Vergangnes denken.
Mit Eifer auf die Zukunft zielen.
Doch den Augenblick verschenken.

vollkommenheit

mächtige töne empor
einer kuppel gleich
sie überwölben dein herz
schützen vor den pfeilen
der berstenden welt
töne und licht
durchmengt mit freude
die dürstende seele
geht auf
in gleißendem schein
in klingender harmonie
getragen hin
in jubelndem chor
zur ewigkeit
zur vollkommenheit

tränenlos

tränenlos
schmerz zu groß
letzter blick
kein zurück
aus augen tief
nur liebe rief
ein leben lang
überschwang
ew'ges halten
herz entfalten
vergangenheit
verlorenheit
tiefe wehmut
erloschne glut
nur todeskuss
blieb zum schluss
welt verfloss
tränenlos

Stumme Angst

Des späten Herbstes grauer Nebel
verdrängt des Sommers letzten Schein.
Erstickt das Herz mit hartem Knebel
und lässt im Düstren es allein.

Ungewiss, mit zagem Schritt,
tasten durch die graue Welt.
Die stumme Angst geht immer mit,
wenn Zuversicht fast völlig fehlt.

Kannst an einer Hand abzählen
alles das, was noch gerecht.
Doch Hoffnung sollte niemals fehlen
in einer Welt, die scheint nur schlecht.

Vielleicht des Winters strenge Hand
eröffnet frostig neue Sicht.
Weicht dann zurück die Nebelwand,
zeigt sich das ferne Ziel im Licht.

Traumreise

Über weite, sanfte Hügel gebreitet
grüne Wiesen, mit Bäumen durchsetzt.
Im Traume die Seele über sie gleitet.
Sucht dem zu entfliehen, was sie verletzt.

Im Traum scheint alles erhaben und groß.
In Eden die Seele ist nächtens zu Gast.
Sie schweift durch Gefilde, freudig und bloß.
Ohne Gefahr sie kann halten hier Rast.

Nur kurz die Erinnerung, wenn sie erwacht.
Sie sieht wohl die Landschaft, doch Frieden ihr fehlt.
Verblasst die entrückte Empfindung der Nacht.
Ein vages Gefühl sie dennoch noch quält.

Die Sehnsucht bleibt ihr für immer erhalten.
Sie hofft auf neuen, schöneren Traum.
Doch wird sie erst sich jubelnd entfalten,
wenn jenseits sie ist von Zeit und Raum.

Ist gut

Ein Schatten der Erinnerung
taucht manchmal aus dem Nebel auf.
Erstarrt das Denken innehält.
Ein Gefühl nach oben drängt.
Vage nur und zart.

Bang und froh und sehnsuchtsvoll
das Herz nach dem Gefühl jetzt greift.
Es spürt wie damals dieses Drängen,
die große Liebe und den Schmerz.
Dann ist's vorbei.

Das Gefühl versinkt im Nebel.
Das Denken wieder Platz sich schafft.
Was bleibt, ist ahnendes Erstaunen.
Sich Frieden breitet in der Brust.
Ist gut, wie's ist.

Könnte schlechter sein

Kaum dass du endlich dich erhebst,
du einen neuen Schlag erlebst.
Kommst nicht auf und auch nicht weiter.
Bleibst ewig unten auf der Leiter.

Du fühlst trotz allem dich so leer.
Du spürst den Kummer fast nicht mehr.
Doch auch die Freude von dir wich.
Resignierend fügst du dich.

Trotz allem wär es wunderschön,
könnt'st du in der Sonne gehn.
Lieb und Freude zu erleben.
Und froh das Herz zum Himmel heben.

Da denkst du still, könnt schlechter sein.
Wenn du wärst einsam und allein.
Auch wenn die Dornen manchmal stechen,
sollst du die Rosen nicht gleich brechen.

alles trug

alles trug
alles schein
sei es gut
sei es schlecht
nimm's nicht schwer
geht vorbei
am ende doch
bist du allein
allein mit dir
deiner freud
deinem schmerz
hast du wen
mit dem du teilst
ist die welt
ein wenig heller
doch denk daran
wenn's vorbei
war alles trug
alles schein

Der Dorn

Schau in die Vergangenheit.
Verstrichen ist gar viel an Zeit.
Manches klingt noch lange nach.
Besonders Fehler brachten Schmach.

Du kannst noch viel von damals fühlen.
Doch bringt's nicht viel, darin zu wühlen.
Du stehst im Hier, du stehst im Jetzt.
Die Gegenwart genug verletzt.

Es liegt vor dir ein weites Land.
Die Zukunft ist noch unbekannt.
Wenn die Zeichen stehn nicht gut,
verlierst bisweilen du den Mut.

Die Angst schleicht sich ins Herz hinein.
Fühlst mit ihr dich oft allein.
Sie das Heute dir verdirbt.
Und somit die Freude stirbt.

Es ist mit Macht danach zu streben,
nur in der Gegenwart zu leben.
Schiel nur mit einem Aug nach vorn,
zu erkennen spitzen Dorn.

Dann bist weise du zu nennen.
Wirst viel leichter dann erkennen,
was zu ändern und was nicht.
Dann der Dorn dich nicht mehr sticht.

Verdienter Lohn

Ganz weit weg, am Rand der Welt,
hab ich dich zuerst gesehen.
Mir hat bis dahin nichts gefehlt.
Das konntest du gar nicht verstehen.

Allmählich nur kamst du mir näher.
Näher an mein hartes Herz.
Doch es war um vieles zäher,
was du nahmst zuerst als Scherz.

Doch dann des Herzens Panzer brach.
Ich ließ dich ganz allmählich ein.
Alles, was dann kam danach,
kann hier nicht beschrieben sein.

Das alles währte seine Zeit.
Dann platzte jäh der Luftballon.
Ich war länger nicht bereit,
zu leben in der Illusion.

Deshalb wir unsrer Wege gingen.
Gefühle wurden abgesetzt.
Die Herzen ihren Lohn empfingen.
Für immer waren sie tief verletzt.

alles dürftig

alles dürftig
obergründig
kaum gedacht
schon vermacht
lieber gehend
als bloß stehend
kommt nicht weiter
was verklebt
doch das denken
hilft mitnichten
bloß das fühlen
scheint dann richtig
kratzenborstig
das geschick
füg dich schön
oder lass es
alles richtig
gibt kein falsch
nichts perfekt
alles dürftig

Stark sein

Des Lebens Pfade winden sich
durch das Gestrüpp der Seelenwelt.
Wie es dem Schicksal grad gefällt,
ergibt sich dabei mancher Stich.

Was auch im Äußern kommt heran,
lockst meist du durch dein eignes Wollen.
Da nützt kein Hadern, auch kein Grollen.
Sei stark und lach dein Schicksal an.

Zeige deinen Schmerz bloß nicht.
Gar hämisch man es dir vergönnt.
Der Andre meist kein Mitleid kennt.
An deiner Stärke er zerbricht.

errungene freiheit

im käfig gefangen
das singen vergangen
das vöglein schweigt still
weil nimmer es will

es kann ja nicht fliegen
und die enge besiegen
gefangen geboren
die freiheit verloren

der käfig zerbricht
gewinnen das licht
mit jubelndem singen
die freiheit erringen

niemals zurück
bewahren das glück
doch vöglein gib acht
der jäger stets wacht

Gleichmut

Es ist doch so auf dieser Welt,
dass dir vieles wird vergällt.
Willst du nur der Freude leben,
musst nach Gleichmut du nur streben.

Nichts und niemand darf dich stören,
stets nur das Vogelsingen hören,
wo das Gekläffe dummer Hunde
dich umgibt zu jeder Stunde.

Du darfst dir auch nichts daraus machen,
sondern freudvoll drüber lachen,
wenn du stößt auf deren Spuren
auf den Straßen und den Fluren.

Freu dich über jede Katze,
die wiederkehrt zu einem Platze
in deinem Garten irgendwo.
Sie braucht ja nur ein Katzenklo.

Doch spielt das alles keine Rolle,
denn das ist das wirklich Tolle,
dass diese Spuren sind verschüttet,
wenn der Maulwurf blindlings wütet.

Den heitren Menschen stört dies nicht.
Er spricht voll Freude ein Gedicht
und singt ganz leise vor sich hin,
denn es hat alles seinen Sinn.

Politik und andre Sachen
bringen höchstens ihn zum Lachen.
Leiden, Krankheit und der Tod
bereiten ihm auch keine Not.

Würde man ihm eine kleben,
seine Laune tät' sich heben.
Vielleicht ist wirklich er verrückt,
weil ihn das alles so entzückt.

Kannst du nicht so sein wie er,
tust du dich ein bisschen schwer.
Was du ändern kannst, das mache.
Über alles andre lache.

Nur ein Gerechter

Die ganze Last der Welt
er vermeint zu tragen.
Wenn er schließlich fällt,
bleibt nur zu verzagen.

Schmerzen riesengroß.
Verlässt ihn jäh die Kraft.
Alles lässt er los.
Weil er's nicht mehr schafft.

Doch alles läuft dann weiter.
Nur ein wenig schlechter.
Die Welt nimmt's immer heiter.
Fehlt nur e i n Gerechter.

Wechselspiel

Ergreife den goldenen Glücksstrahl im Leben.
Er wird auf einsame Höhen dich heben.
Du stellst ein dein mühvolles Streben.
Denn schließlich hast du ja alles erreicht.

Doch zieht dich hinab die Gegenkraft,
wehrst du dich auch mit Leidenschaft
und kämpfst um dein Glück ganz heldenhaft.
Hinauf geht es schwer, abwärts ganz leicht.

Was bleiben muss, ist dein festes Bemühen,
dem Niedergang dich bald zu entziehen.
Ein neuer Glücksstrahl mög' dir erglühen.
Das ewige Wechselspiel nie von dir weicht.

Ferne Hoffnung

Wenn eingeschlossen hinter Mauern
die Sehnsucht übermächtig brennt,
magst du bereuen und bedauern:
Du bist jetzt von daheim getrennt.

Hast nicht genossen und geschätzt,
was du gehabt, als noch zu Haus.
Jetzt bist du fern, das Herz verletzt.
Vor Leid weißt du nicht ein und aus.

Du sehnst nach Heimat dich und Herd.
Im Elend fremd liegst du darnieder.
Nichts, was du hast, ist dir von Wert.
Du möchtest nur nach Hause wieder.

Den Duft von Feld und Wiese schmecken.
Der wilden Bäche Gischt umarmen.
Durch Wälder, wo sich Tannen recken.
Empfangen der Natur Erbarmen.

Und mag es noch so lange dauern:
Wenn du einstmals kommst hinaus
aus diesen dumpfen Kerkermauern,
dann kehre reuevoll nach Haus.

Die Heimat wird dich froh erwarten.
Wenn auch die Liebste nicht mehr dein,
bleibt dir doch der Blumengarten,
der nur zu Hause blüht so fein.

Neue Zeit

Keine Blumen am Asphalt.
Die Herzen alle leer und kalt.
Versiegt der frische Lebensquell.
Die Tage sind viel wen'ger hell.

Mein Herz, geh doch in dich und weine!
Die Tränen waschen weg die Steine.
Sie lösen auf die rauhe Härte.
Erschaffen freudig neue Werte.

Doch dauert es dahin noch lange.
Am Wege weiter droht die Schlange.
Die Sonne oft wird untergehen,
bis die Welt wird neu erstehen.

Dann wird das Grün erneut ersprießen.
Wo heut noch Steine, sind dann Wiesen.
Die Herzen öffnen sich ganz weit.
Lassen ein die neue Zeit.

Irgendwann

In sengender Glut die Worte verdorren.
Was klar eben schien, ist jetzt nur verworren.
Drückendes Schweigen liegt über dem Land.
Ermattet sinkt selbst die regsamste Hand.

Kein Regen geistvoll die Wüste benetzt.
Nicht heilt, was einst mit Vorsatz verletzt.
Wo ist geblieben das Wasser des Lebens?
In tödlicher Umwelt ist die Hoffnung vergebens.

Wenn am Ende die meisten verstorben,
wenn vertrocknet, was zutiefst war verdorben,
heilender Dunst wird das Lechzen beenden
und Tropfen voll Segen der Wüste nun senden.

Dann erblüht aufs Neue der schlafende Baum,
der lag unter Schmerzen in schwebendem Traum.
Die schwellende Frucht wird begrüßen den Tau.
Doch wann das geschieht, weiß niemand genau.

Seltene Gelegenheit

Der Bogen spannt erneut sich weit.
Abgetan die Kleinlichkeit.
Weggefegt der lose Sand.
Gewonnen wieder festen Stand.

Ein Wimpernschlag im Fluss der Zeit
bringt seltene Gelegenheit.
Das Schicksal reicht auch mal die Hand.
Verleiht ein kleines Ordensband.

Ergreifen die gebotne Chance.
Bewahren kühl die Contenance.
Was draus wird, kann keiner sagen.
Doch zu gewinnen, heißt es wagen.

Warten auf Inspiration

Du kannst nicht erzwingen,
dass Lieder erklingen
und Worte ersprießen.
Zu Hymnen verfließen.

Drum still darauf wart,
dass dir offenbart
der Götter Gehaben
die himmlischen Gaben.

Dann Werke erstehen,
die nie mehr vergehen.
Denkmälern gleich.
Aus dem geistigen Reich.

Vielleicht im Traum

Grünkariertes Häusermeer.
Sonnenstrahlen kreuz und quer.
Verkehrslärm schrillt an Häuserwänden.
Will bei Tag und Nacht nicht enden.

Lichter blitzen tausendbunt,
ausgespieen aus heißem Schlund.
Menschenströme hektisch fließen.
Keine Zeit mehr, zu genießen.

Grau und blau verschwimmt die Stadt.
Die Nacht den Sieg errungen hat.
Vor Einsamkeit, da möchte ich schrei'n.
Unter Tausenden allein.

Will die Nacht denn niemals enden?
Kann keiner mir ein Trostwort senden?
So ziehe ich mich still zurück.
Vielleicht im Traum winkt mir das Glück.

Neuer Sinn

Das Ziel im Dunst verschwimmt.
Die Sicht der Nebel nimmt.
Wie es dann weitergeht
wohl in den Sternen steht.

Weiß nicht mehr aus, noch ein.
Sollt' dies das Ende sein?
Da wendet sich mein Blick
zum Ausgangspunkt zurück.

Dort war das Ziel noch klar.
Es bot sich lächelnd dar.
Vielleicht ein Neubeginn
ergibt auch neuen Sinn.

Traumwunsch

War Verzeihung zu erlangen?
Auszugleichen die Bilanz?
Sehr viel an Zeit ist zwar vergangen.
Doch das Vergessen war nie ganz.

Ob sie an ihn wohl manchmal dachte?
Voller Abscheu und voll Zorn?
Weil er sie dereinst verlachte.
Obwohl sein Herz ging jäh verlor'n.

Alle hat er stets verraten.
Auch noch andre mussten trauern.
Seine alten Missetaten
würden sein Leben überdauern.

Vergebung endlich zu erlangen,
hat das Leben ihm verwehrt.
So ersehnte er voll Verlangen,
dass dies im Traum ihm wird beschert.

Resignative Hoffnung

Niemals, denkst du, wird erstehen
das wundersame Wunschgebäude.
Magst du noch so sehr drum flehen,
dass dir zuteil wird diese Freude.

Dich kümmre nicht der Welt Getue.
Steh zu dem, was du gewollt.
Bewahr dir deine Seelenruhe.
Auch wenn dir keiner Beifall zollt.

Bau nicht auf den Ruhm der Welt.
Er ist flüchtig und nicht treu.
Denn nur die Zeit ein Urteil fällt.
So zu denken macht dich frei.

Doch hoffen kannst du weiterhin.
Im Geheimen gänzlich still.
Kannst in die Phantasie entfliehn.
Dann mag es kommen, wie es will.

Ein Stück Gedanken

Ein Stück Gedanken
Brich die Schranken.
Sprich das Wort.
Schick es fort.

Lass es fliegen.
Es soll siegen.
Niederringen.
Die uns fingen.

Halt dagegen.
Setz den Segen.
Gegen Böses.
Und erlös es.

Kann lange dauern.
Denn Feinde lauern.
Das Wort gesprochen.
Der Bann gebrochen.

Nicht zu spät

Kann ich auf meinen letzten Schritten
lernen noch, was wirklich not?
Lässt der Spalt sich jetzt noch kitten,
der mich trennt vom Abendrot?

Lang der Weg war bis hierher.
Und doch verging die Zeit im Nu.
Er war meist leicht, nur selten schwer.
Doch lernte ich auch was dazu?

Ich bin fürwahr mein strengster Richter.
Was an mir ist wirklich gut?
Bin nicht einmal ein guter Dichter.
Schreib ich auch mit meinem Blut.

Doch zu spät ist es noch nicht.
Der Geist dringt in die Ewigkeit.
Was ist Kür? Und was ist Pflicht?
Für Höh'res sei mein Herz bereit.

gnadenschild

rasend schnell
der strudel dreht
in weiter tiefe
hinab hinab
ach wie grell
der ton ergeht
als ob wer riefe
aus dem grab

lass doch ab
von üblem tun
setz dich zur wehr
hinweg hinweg
brich den stab
nur nicht ruhn
leg dich quer
sei nicht träg

zartes singen
aus den höh'n
lockend mild
hinan hinan
mög erringen
doch dein flehn
den gnadenschild
wohlgetan

Wintergedanken

Der Winter sanft schleicht in mein Herz.
Allmählich wird es kalt und dunkel.
Schnee fiel über Nacht hernieder.
Deckt das Land und mein Gemüt.
Ob mir noch wird ein neuer März?
Des Nachts mir leuchtet ein Karfunkel?
Leis erzählen mir die Lieder
von dem Zweig, der winters blüht.

Niemals soll die Hoffnung weichen.
Eis wird brechen, Schnee wird tauen.
Vergehen wird die harte Zeit.
Mit ihr verschwindet auch die Not.
Kann ich erkennen noch die Zeichen?
Den wunderbaren Frühling schauen?
Egal, wie's kommt. Ich bin bereit.
Blüht neues Leben aus dem Tod.

eingesponnen

in schicksalsfäden eingesponnen
schöne reden glück zerronnen
licht verflogen weg verloren
mut verbogen herz erfroren
hoffnungsseil schwer zu fassen
berg gar steil schicksal hassen
ein stück hinauf ein stück hinunter
lebenslauf wird immer bunter
bleibt nur offen dann am ende
schwach zu hoffen auf die wende

Heißes Flehen

Umsonst es scheint,
nach höhrem Beistand heiß zu rufen
auf des Altares heiligen Stufen.
Denn man vermeint
zu hören grelles Hohngelächter,
wenn man wünscht, es werd' gerechter.
Unser Feind,
die Widerkraft, noch ungebändigt.
Das Wohlergehn ihr ausgehändigt.
All vereint
die Stimmen aus des Abgrunds Tiefen
schmerzerfüllt zum Himmel riefen.
Man traurig weint.
Bevor die Hoffnung ganz zerbricht,
erbarmen mög sich doch das Licht.
Wenn's nur erscheint.

Aussicht

Weithin die liebliche Landschaft sich breitet.
Von der Sonne gewärmt, vom Wind sanft liebkost.
Das Glück dich umfängt, die Seele sich weitet.
Die Felder und Wiesen schenken dir Trost.

Vom Hügel der Blick ins Land hinaus schweift.
Fruchtbare Felder und Obst in den Hainen.
Der Wein an Flusses Gestade süß reift.
Dahinter sich Himmel und Erde vereinen.

Dort, an Waldes Rand zärtlich geschmiegt,
der heimatlich Ort so vertraut dir da lacht.
Das Vaterhaus inmitten von Gärten da liegt.
Von mächtigen Eichen trutzig bewacht.

Dahin kehr ich müde einstens zurück.
Wenn Lebwohl ich sage der Welt.
Ich werde dort finden mein letztes Glück.
Der Frieden des Herzens ist dann alles, was zählt.

Himmelwärts

Mit gebreiteten Schwingen
weit übers Land.
Der Blick kann durchdringen
dunstige Wand.
Elend und Not
darunter verborgen.
Bis hin zum Tod
viel' bittere Sorgen.

Wem es gelingt
den Geist zu erheben,
der höher sich schwingt.
Kann Freude erleben.
Nur wen'ge vermögen,
im Flug zu entfliehen.
Mit göttlichem Segen
sie himmelwärts ziehen.

Verzweifeltes Wünschen

Wenn doch Schnee käme!
Mich zu hüllen mit weißer Rinde.
All den Schmerz mir nähme.
Verwehte ihn mit kaltem Winde.

Wenn doch Frost käme!
Das klamme Herz zu panzern kalt.
Mir die Angst nähme.
Das Eis könnte geben grimm'gen Halt.

Es kamen Frost und Schnee.
Doch blieb die Angst und auch der Schmerz.
Dafür kein Ade.
Nie findet Ruh das müde Herz.

Wenn doch Wärme käme!
Hinwegzutauen eis'ge Nacht.
Ob das die Sorgen nähme?
Bis einstens alles ist vollbracht?

Nur näher kommen

Schwebend über Schleierwolken.
Niemals sieht man auch darunter.
Wirbelnd drehen alte Bilder.
Zeigen uns nur schemengleich
und lassen ahnen, dass da mehr.
Kaum gelingt es, auch zu sehen,
zu verstehen und auch zu glauben.
Von wissen sei erst recht geschwiegen.
Und doch: das Ziel liegt da verborgen.
Es zu erreichen ist wohl schwer.
Doch niemals sei der Pfad verlassen.
Nur näher kommen zählt am Ende.

Glaub daran

Wie viele Sommer wird's noch geben?
Werden wir den Herbst erleben?
Wenn wir den Winter überwinden,
können wir den Frühling finden?

Was in der Zukunft Schoß verborgen,
beschert uns meist die größten Sorgen.
Die Ungewissheit lässt uns bangen.
Wie sollten wir da Ruh erlangen?

Blickst du zurück, ging alles gut.
Drum schau nach vorn mit gutem Mut.
Wird gut auch weiter alles gehen.
Glaub daran, du wirst schon sehen.

Wintertraum

Still liegt das Feld in weißem Schimmer.
Schnee bedeckt das weite Land.
Dort, wo erst der Fluss sich wand,
sich nun zeigt ein eis'ger Glimmer.

Unter kalter, gläsner Schicht
tief versunken grünes Land.
Erstarrt durch Winters strenge Hand,
die jeden Lebenszweig zerbricht.

Tief die Sonne drüber steht.
Malt lange, blaue Schattenstreifen,
die des Abends weiter greifen,
bis das letzte Licht vergeht.

Gefangen ruht das Menschenherz.
Kann nicht brechen Zauberbann.
Da des Tages Glanz zerrann,
geht es stetig traumeswärts.

Doch wie der Tag die Nacht besiegt,
wird auch der Winter weichen müssen.
Die Sonne wird die Erde küssen
und der Wintertraum erliegt.

Ist auch der Frühling nur ein Wahn?
Wie das ganze Menschenleben?
Es bleibt ein ew'ges Vorwärtsstreben,
zurück zu dem, wo es begann.

Vielleicht nicht vergebens

Seltsamer Traum.
Was will er mir sagen?
Scheint alles real.
Doch glaub ich es kaum.
Wagen und zagen.
Auf Pfaden so schmal.

Gleich wie im Leben.
Man ist dort kein andrer.
Fühlt Furcht auch und Bangen.
Das Herz kühn erheben?
Einsamer Wandrer.
Kann Ziel nicht erlangen.

Was bleibt, ist nur Sehnen.
Vergebene Chance.
Spielball des Lebens.
Vergossene Tränen.
Bewahr Contenance.
Vielleicht nicht vergebens.

Hoffnung auf Veränderung

Die dunklen Schleier müssen weichen.
Erreichen nicht die Ewigkeit.
Man erkennt die ersten Zeichen.
Abgelaufen ist die Zeit.

Bessres Sein die Welt erwartet.
Weichen muss die alte Macht.
Verborgen wächst der Blütengarten.
In Wohlgeruch und Farbenpracht.

Niemand muss dies alles missen.
Wenn er nur sich richtig müht.
Verlassen altes Ruhekissen.
Der Seelenbaum dann neu erblüht.

Stille

Stille füll dein Herz in lauter Welt.
Denn das allein nur zählt.
Horchen auf die leisen Himmelstöne
eröffnet dir das Schöne.

Kraft und Mut und trauend Zuversicht
in deinem Herzen spricht.
Du kannst ganz zart es fühlen und auch hören.
Die Seligkeit wird währen.

Die Kraft der Natur

Schau hinaus in die Ferne.
Die Weite wird trösten dein Herz.
Es sind nicht immer die Sterne,
die lindern dir deinen Schmerz.

Erkenne die Größe der Welt.
Sie alles gerne dir gibt.
Beklag nicht, dass dir was fehlt.
Reich ist nur der, der da liebt.

Verbunden mit der Natur.
Dankbar empfange die Kraft.
Unterzieh dich frei dieser Kur.
Sie Frieden und Glück dir verschafft.

Friedenswonne

Die Sonnenstrahlen hell
vergolden Erdenrund.
Flirrend Luft so grell
tut den Sommer kund.

Des Himmels Blau durchstrahlt
den weiten Horizont.
Die Schatten kurz gemalt.
Die Hitze nichts verschont.

Froh sollt schaun das Auge.
Das Gemüt erhoben weit.
Und das Herz, es sauge
Glück und Seligkeit.

Warum ist's düster bloß
im Herzen und Gemüt?
Ist das Leid zu groß?
Dass Freud zu schnell verglüht?

Im Außen hell die Welt.
Im Herzen dunkle Leere.
Wenn die Freude fehlt,
der Kummer dich verzehre.

Fatale Diskrepanz!
Wo ist die Herzenssonne,
die erhellt dich ganz
und schenkt dir Friedenswonne?

Vorwärts

Das Leben eine Einbahnstraße.
Die Mühe sprengt wohl alle Maße.
Man glaubt, es ständig aufwärts geht.
Doch letztlich man ganz unten steht.

Aufs Neue fängt man wieder an.
So manche Chance wird noch vertan.
Man kann nicht fassen sich vor Glück,
geht's doch nach vorn und nicht zurück.

Goldne Zeit

Wenn einst die hehren Sonnenstrahlen
brechen auf der Herzen Eis,
wird niemand mehr für Schatten zahlen,
entrichten aller Taten Preis.

Im milden Licht sich Wiesen breiten.
Lieblich bunte Vögel singen.
Freudig sich die Herzen weiten.
Niemals mehr mit Kummer ringen.

Sanfter Frieden, stille Liebe.
Mit dem Herzenspartner leben.
Vergessen lauter Welt Getriebe.
Sich der Kunst froh hinzugeben.

Goldne Zeit, verheißen lange!
Wird sie uns zuteil noch werden?
Bis dahin wir hoffen bange.
Dass gut es endlich wird auf Erden.

Nur ein Spiel

Ein Regenbogen am Ende der Welt.
In der Unendlichkeit liege dein Ziel.
Der Farbreif in die Ewigkeit fällt.
Ihn zu erreichen bedeutet dir viel.

Du gehst und wanderst bei Tag und bei Nacht.
Dorthin nur, wo Erlösung dir winkt.
Doch hast du es nicht zuwege gebracht
zu erreichen den Bogen, und dein Mut sinkt.

Die Verheißung besteht. Halt daran fest!
Jenseits des Horizonts liegt das Ziel.
Du hoffst zu schaffen des Weges Rest.
Doch für das Schicksal ist's nur ein Spiel.

Erinnerung zerbricht

Ich fliege über Wolken hin.
Denk an dich und sehne mich.
Kann den Gefühlen nicht entfliehn.
Und Gram ganz tief ins Herz mir schlich.

Du bist fort und bist so weit.
Werd niemals dich wohl wiedersehen.
Einst warst du gern für mich bereit.
Doch ließ ich dich ganz einfach stehen.

Bin selbst schuld und bin doch froh.
Bin dran zerbrochen und doch nicht.
Egal, ich leide sowieso.
Bald die Erinnerung zerbricht.

Im Ewigen

Gleicher Ort, doch andre Zeit.
Der Anfang liegt zurück so weit.
Jung war damals noch die Welt.
Man hat die Jahre nicht gezählt.

Im Buch des Lebens kann man lesen,
was einst geschehen und gewesen.
Doch die Zukunft sich verschließt.
Musst warten, bis die Zeit verfließt.

Könnt man durch die Zeiten gehen,
würde man sich selber sehen.
Wir existieren in jeder Zeit.
Sind zur Erkenntnis wir bereit?

lass es geschehen

armselig gebunden
nur wenig gefunden
hättest gern mehr
du fühlst dich so leer

lass es geschehen
dann wirst du es sehen
mal ebbe, mal flut
am ende ist's gut

Nur Illusion

Eingesponnen.
Nur Illusion.
Glück zerronnen,
schwand davon.
Was dir lieb,
suchst du jetzt.
Nichts dir blieb.
Tief verletzt
ist dein Herz.
Kraft entschwindet
höllenwärts.
Es nicht verwindet
diesen Stich
und siecht dahin.
Das Bild verblich.
Doch nie verziehn.
Bleibt nur träumen.
Dürrer Lohn
in leeren Räumen.
Nur Illusion.

Weitere Werke von Alfred L. Rosteck

Mosaik
Lyrik, BoD 2017, 92 Seiten
ISBN 978-3-7448-3635-7
ebook: ISBN 978-3-7448-0669-5

Gesammelte Gedichte Band 1
BoD 2016, 288 Seiten
ISBN 978-3-7431-3856-8
ebook: ISBN 978-3-7431-2295-6

Gesammelte Gedichte Band 2
BoD 2017, 288 Seiten
ISBN 978-3-7431-6587-8
ebook: ISBN 978-3-7431-0810-3

Gesammelte Gedichte Band 3
BoD 2017, 320 Seiten
ISBN 978-3-7431-9438-0
ebook: ISBN 978-3-7431-7241-8

Gesammelte Gedichte Band 4
BoD 2017, 252 Seiten
ISBN 978-3-7460-3598-7
ebook: ISBN 978-3-7460-0352-8

Frohe Zeit.
Gedichte und Geschichten um
Weihnachten.
BoD 2016, 92 Seiten
ISBN 978-3-7412-9472-3
ebook: ISBN 978-3-7431-3085-2

Der Menuett-Tänzer
Geschichten über Obsessionen
BoD 2015, 200 Seiten
ISBN: 978-3-7347-8205-3
ebook: ISBN 978-3-7392-8818-5

seelenland
Lyrik, BoD 2014, 92 Seiten
ISBN 978-3-7386-0106-0
ebook: ISBN 978-3-7386-6309-9
Auch enthalten in:
Gesammelte Gedichte Band 4

des lebens volles maß
Lyrik, BoD 2013, 92 Seiten
ISBN: 978-3-7322-4672-4
ebook: ISBN 978-3-7322-2124-0
Nunmehr enthalten in:
Gesammelte Gedichte Band 3

Das Labyrinth und andere
Kurzgeschichten
Edition VaBene 2012, 200 Seiten
ISBN 978-3-85167-267-1

schicksalwärts
Lyrik, BoD 2011, 92 Seiten
ISBN 978-3-8423-6086-0
ebook: ISBN 978-3-7357-7192-6
Nunmehr enthalten in:
Gesammelte Gedichte Band 2

Wer spürt die Freude noch?
Gedichte und Geschichten um
Weihnachten
BoD 2010, 108 Seiten
ISBN: 978-3-8391-8112-6
ebook: ISBN 978-3-7322-0965-1

Zwischen Abend und Morgen
Lyrik, BoD 2010, 236 Seiten
ISBN 978-3-8391-5276-8
ebook: ISBN 978-3-7357-7294-7
Nunmehr enthalten in:
Gesammelte Gedichte Band 3

Spirale des Lebens
Lyrik, BoD 2009, 92 Seiten
ISBN 978-3-8370-9584-5
e-book: ISBN 978-3-8423-1501-3
Nunmehr enthalten in:
Gesammelte Gedichte Band 2

Der alte Mann auf dem Felsen
Novelle, BoD 2008, 96 Seiten
ISBN 978-3-8370-5651-8
ebook: ISBN 978-3-7357-9573-1

Eine Insel in der Zeit
Lyrik, BoD 2008, 92 Seiten
ISBN 978-3-8370-4299-3
Nunmehr enthalten in:
Gesammelte Gedichte Band 2

Ewige Reise
Lyrik, BoD 2007, 96 Seiten
ISBN 978-3-8370-1047-3
ebook: ISBN 978-3-8423-9909-9
Nunmehr enthalten in:
Gesammelte Gedichte Band 1

Im Sternenschein
Lyrik, BoD 2007, 92 Seiten
ISBN 978-3-8334-9280-8
Nunmehr enthalten in:
Gesammelte Gedichte Band 1

Stilles Glück
Lyrik, BoD 2007, 92 Seiten
ISBN 978-3-8334-9197-9
ebook: ISBN 978-3-8423-8905-2
Nunmehr enthalten in:
Gesammelte Gedichte Band 1

**Der Mann, der sich in seine
eigene Geschichte verirrte**
Roman, Novum 2007, 250 Seiten
ISBN 978-3-8502-2147-4
Restbestände.

Der Schatten deiner Liebe
Lyrik, Novum 2007, 144 Seiten
ISBN 978-3-9025-3664-8
Restbestände.
Nunmehr enthalten in:
Gesammelte Gedichte Band 4